FASCISMO E POPULISMO

Antonio Scurati

FASCISMO E POPULISMO

MANIFESTO POR UM NOVO ANTIFASCISMO

Tradução: Francesca Cricelli

GLOBOLIVROS

Copyright © 2025 by Editora Globo S.A. para a presente edição
Copyright © Antonio Scurati 2024

Todos os direitos reservados. Nenhuma parte desta edição pode ser utilizada ou reproduzida — em qualquer meio ou forma, seja mecânico ou eletrônico, fotocópia, gravação etc. — nem apropriada ou estocada em sistema de banco de dados sem a expressa autorização da editora.

Texto fixado conforme as regras do Acordo Ortográfico da Língua Portuguesa (Decreto Legislativo nº 54, de 1995)

Editora responsável: Amanda Orlando
Editor assistente: Rodrigo Ramos
Preparação: Silvia Massimini
Revisão: Carolina Rodrigues
Capa e projeto gráfico: Carolinne de Oliveira

1ª edição, 2025

CIP-BRASIL. CATALOGAÇÃO NA PUBLICAÇÃO
SINDICATO NACIONAL DOS EDITORES DE LIVROS, RJ

S442f

Scurati, Antonio
    Fascismo e populismo : manifesto por um novo antifascismo / Antonio Scurati ; tradução Francesca Cricelli. — 1. ed. — Rio de Janeiro: Globo Livros, 2025.
    104 p.; 21 cm.

    Tradução de: Fascismo e populismo
    ISBN: 9786559872497

    1. Fascismo - Itália - História. 2. Populismo - Itália - História - Século XXI. I. Cricelli, Francesca. II. Título.

25-95950
CDD: 335.6
CDU: 329.18+323.2

Gabriela Faray Ferreira Lopes — Bibliotecária — CRB-7/6643

Direitos exclusivos de edição em língua portuguesa para o Brasil adquiridos por Editora Globo S.A.
Rua Marquês de Pombal, 25 — 20230-240 — Rio de Janeiro — RJ
www.globolivros.com.br

Sumário

I. FASCISMO 9
II. POPULISMO 57
III. DEMOCRACIA 93

Este texto se origina no discurso que fiz nos Encontros Internacionais de Genebra, realizados anualmente desde 1946, quando — logo depois da guerra — um grupo de escritores e intelectuais julgou necessário retomar o diálogo cultural entre as nações com o objetivo de manter a paz. Meu relato foi apresentado na quinta-feira, 29 de setembro de 2022, apenas alguns dias depois das eleições parlamentares italianas. Embora eu o tenha reorganizado e ampliado, decidi manter aqui a marca da oratória pública e o tom de emoção que caracterizam aquele texto devido também ao momento histórico em que foi concebido e apresentado.

I

FASCISMO

Chega um momento em que não é mais possível se esconder: quem pretende narrar a História — com H maiúsculo, a vivência coletiva dos povos no decorrer das eras, o tempo que se torna humano apenas quando é narrado — deve reconhecer a si mesmo como parte dela. Quem aspira a esse gênero de narração deve se declarar culpado.

Culpado de quê? De ser um de tantos outros. De ser como todos. Envolvido, implicado, participante, como todos. De não ser capaz — como o poeta ensinou — de distinguir o dançarino da dança. De não ser nem querer ser capaz. Ter apagado o sentimento da História é a causa de uma das grandes deficiências espirituais de nossa época, uma época privilegiada em tantos outros aspectos.

Depois da Revolução Francesa, dez gerações de mulheres e homens se sucederam, vivendo no horizonte da História, um horizonte imenso, terrível e promissor. Durante dois séculos, homens e mulheres puderam erguer o olhar rumo àquela linha longínqua e sentir a própria pequena existência individual como parte de uma história mais vasta, de uma narrativa tumultuada, por vezes cruel, muitas vezes sangrenta, mas capaz de lhes conferir um sentido e uma direção. À noite, como uma estrela polar, a História brilhava luminosa no céu que paira eterno sobre nossos anseios.

A partir da Revolução Francesa, durante dois séculos, dez gerações clamaram ao futuro para conseguir justiça: perante o tribunal da História, milênios de costas quebradas e de sofrimentos sem nome finalmente encontraram remição. Remição e reparação. Até mesmo vingança. Dez gerações de mães e pais acreditaram com uma fé magnânima que a vida de seus filhos seria melhor que a sua e que a existência dos netos seria melhor que a de seus filhos.

E estavam prontos a lutar por isso, a morrer e até mesmo matar. Eis aí a promessa da História, a promessa que promete a si mesma: o futuro nos espera, o futuro nos pertence. O futuro é um de nós. Eis aí o compromisso da História: a história nunca é escrita de uma vez por todas, a história está sempre lutando pela história. A história somos nós.

Porém, depois, esse horizonte desapareceu, a estrela da salvação se apagou. Numa tarde triste de fim de século e de milênio, numa sala bem mobiliada e mal iluminada pela tela azulada de uma televisão sintonizada num canal morto, deixamos de acreditar na História. Nossas existências de ocidentais foram subitamente restringidas, tornaram-se todas uma questão particular, uma solidão planetária. Começamos a medir todas as experiências com a régua curta do presente, régua pela qual as grandes cenas da existência individual e coletiva não têm lugar. Perdemos a capacidade de nos sentirmos atravessados por um tempo grandioso, que vem de longe e vai longe, ficamos surdos para as vozes que, nos momentos de desespero, nos animavam sussurrando: coragem, adiante, não és o primeiro, não serás o último, não estás sozinho; junto contigo, legiões de seres humanos viveram e morreram antes de que nascesses, marchando junto contigo uma hoste ainda mais numerosa, a das mulheres e dos homens que ainda não nasceram.

No entanto, para quem, como eu, queira reencontrar aquele sentimento da História perdido, não é permitido se esconder. O romancista que deseja procurar "irmãos que não existem mais" num tempo longínquo deve reconhecer que, como ensinava Enzensberger, para o povo, a única história que conta é aquela transmitida como saga, como *epos*, como narrativa coletiva feita por um murmúrio de vozes anônimas num feixe de versões livres que resultam apaixonantes porque são todas apaixonadas, que nos envolvem porque são todas envolvidas, que nos comovem porque são todas comovidas.

Por isso, esta noite, decidi não esconder, ou melhor, não esconder, em primeiro lugar, de mim mesmo o fato de que o convite para essa prestigiosa série de palestras sobre a paz — que vem sendo realizada desde 1946 — tem um significado histórico e também um valor existencial profundo para mim.

O significado histórico se refere inevitavelmente ao fato de que em meu país, a Itália, o país do qual cheguei aqui esta manhã vindo de trem, atravessando as paisagens alpinas magníficas, neste país que fica além das montanhas que nos separam, mas não nos dividem, há alguns dias meus concidadãos — não todos, uma maioria relativa embora substancial — expressaram a vontade de que um partido de extrema direita, cujos principais expoentes têm uma história pessoal, biográfica e política que vem do neofascismo, governasse a Itália.

Sabemos, também por experiência própria, que a História é como é justamente porque é um devir e, portanto, deixa para trás algumas coisas, algumas opiniões, alguns ideais, e encontra e se depara com outros novos, transforma-os, às vezes os renega ou os esquece, mas não permite que a fita seja rebobinada. Ter uma história não significa necessariamente ter um destino, no sentido de que o passado decide inapelavelmente seu futuro: no entanto, é algo indelével. "Não é possível devolver o bilhete de entrada na vida", dizia um grande pensador; não é possível cancelar a própria história, nós a levamos conosco. Isso abre para mim — e acredito que deve abrir para todos os italianos, e não apenas para eles — um momento de reflexão séria, profunda, sincera e arriscada.

Aqueles que passam a governar um país com um passado de militância política neofascista estão diante de uma encruzilhada. Ou desfazem definitivamente — mediante um discurso público transparente, dirimente — os laços que os prendiam àquele passado obscuro ou então se preparam para revisar toda a história da Itália na tentativa de alterar o sinal daquele passado, lançando sobre ele uma suposta nova luz que refute e ignore a escuridão. Uma vez que faltou completamente esse debate público com vistas a desatar os nós e a reelaborar na consciência coletiva o sombrio passado fascista e neofascista, é fácil prever que será escolhida a segunda opção, a do revisionismo sectário e odioso.

É nesse contexto histórico que se apresentam essas minhas reflexões. Entretanto, o que situa minhas palavras existencialmente é o fato de que dediquei os últimos anos de minha pesquisa literária, por mais de uma década, a estudar e narrar o período fascista utilizando a forma do romance. Comecei com *A melhor época da nossa vida*, romance biográfico dedicado a Leone Ginzburg, o grande intelectual — o grande herói intelectual, me atrevo a dizer — que consagrou a própria existência à luta contra o fascismo e depois pagou por seu antifascismo empedernido com a própria vida. Creio que a gênese desse livro narre algo a respeito da vivência de uma geração não ligada apenas a meu próprio percurso intelectual pessoal. Nascido no fim dos anos de 1960, pertenço de fato à última geração de jovens do século passado. Ou seja, a última geração a vivenciar plenamente a juventude na atmosfera social e cultural do século xx. Portanto, também a última a obter a própria educação intelectual, ética e política no seio do antifascismo do século xx. Por conseguinte, não foi por acaso que eu planejava escrever um romance sobre os *partigiani* desde que, ainda menino, sonhava em me tornar escritor. Embora, muitos anos depois, eu tenha decidido dedicar todas as minhas forças a compor um ciclo de romances centrado na figura de Benito Mussolini, minhas aspirações literárias consistiram, desde o início, no desejo de falar sobre antifascistas, e certamente não sobre fascistas.

Formado na cultura antifascista do final do século xx, centrada no "mito da resistência", ou seja, na história da resistência ao nazifascismo como narrativa fundadora de nossa democracia, nunca senti qualquer fascínio — nem ao menos num nível puramente intelectual ou artístico — pela figura do *duce* fascista. Muito pelo contrário: perfeitamente alinhado com a narrativa hegemônica do pós-guerra, que determinava que o fascismo fosse narrado da perspectiva de vista de suas vítimas, eu também desejava acrescentar minha própria contribuição à literatura da resistência que tanto me inspirava. Ou seja, jamais imaginei que iria me tornar famoso como autor de um romance sobre Mussolini.

De fato, cheguei ao romance sobre Mussolini por meio do romance sobre Leone Ginzburg. Não poderia ter sido diferente. Para mim, "último rapaz do século passado", e para toda a cultura da segunda metade do século xx, no qual eu me criei, só era possível refletir sobre os algozes depois de se debruçar longamente sobre suas vítimas, sobre os autores da violência só depois de analisar os violentados, e entender o fascismo apenas mediante o antifascismo.

Foi por essas razões que, antes de *M* — de fato, quando *M* não era sequer concebível —, escrevi *A melhor época da nossa vida*. Ao criar aquele romance sobre Ginzburg, decidi de modo arbitrário — mas, ao menos assim espero, honesto — justapor a vida daquele homem extraordinário à vida de pessoas completamente ordinárias que foram seus contemporâneos ou até mesmo seus coetâneos. Homens e mulheres "comuns" que viveram nos mesmos anos épicos e terríveis, sob a mesma ditadura, enfrentando as mesmas escolhas. Homens e mulheres ordinários, mas não quaisquer pessoas.

A vida das pessoas comuns às quais eu achava que devia justapor a personagem histórica de minha trama era, na verdade, a vida de meus avós paternos e maternos. Eu estava em busca do ponto em comum no qual surgem tanto as existências excepcionais como as normais. Também estava tentando, à minha maneira, construir uma ponte entre minha geração de hedonistas frívolos e a trágica e formidável geração de nossos avós; estava tentando me fazer a única pergunta que, em minha opinião, realmente conta quando se trata de meditar sobre a história, olhando das profundezas do presente para as vivências de homens e mulheres aos quais coube o destino de viver em épocas trágicas e gloriosas: onde eu me encontro nessa corrente?

Na época, eu tinha a impressão de que poderia responder com uma obviedade desconcertante: mas eu estava lá! Eu estava lá porque meu avô, cujo nome carrego, estava lá, aquele torneiro mecânico na fábrica da Alfa Romeo do distrito de Portello, em Milão, que tinha mãos enormes e habilidosas e uma profunda reserva que chegava quase ao ponto do mutismo, aquele homem tão diferente de mim que talvez nem tomasse um café comigo hoje em dia e do qual também sou descendente.

Resumindo, foi apenas depois de escrever o romance da resistência, pelo qual eu ansiava desde menino, que cheguei ao romance sobre o fascismo. Na verdade, isso aconteceu exatamente graças a ele.

Lembro-me exatamente do momento em que concebi o projeto literário que mais tarde viria a se tornar *M*. Eu ainda estava documentando a vida de Leone Ginzburg na forma de um romance-verdade. Foi nessa ocasião que, ao assistir a um daqueles famosos filmes em que Mussolini fala para as "multidões oceânicas" da sacada do Palazzo Venezia — sequências de imagens cristalizadas por uma memória adormecida às quais assistimos muitas vezes e, talvez, justamente por isso, paramos de ver — achei que havia tido uma intuição. "Ninguém nunca contou essa história!", falei com meus botões, num misto de empolgação e consternação.

Não, eu não havia enlouquecido (ao menos não de todo). Havia — e eu estava perfeitamente ciente disso — bibliotecas inteiras de estudos históricos, ensaios e memórias sobre Mussolini e o fascismo, mas nenhum escritor das gerações posteriores aos eventos jamais tinha os relatado na forma popular e eminentemente democrática do romance. Além disso, ninguém jamais contara aquilo de dentro para fora. Foi assim que, depois do romance sobre Ginzburg e meus avós, dediquei vários anos de estudo e escrita a esse projeto que se propunha a narrar todo o arco da história fascista na figura dos próprios fascistas e, sobretudo, na figura do *capo*, como eles o chamavam: Benito Mussolini.

Narrar o fascismo na figura dos fascistas — digo aos mais jovens — não significa de forma alguma aderir à ideologia fascista, muito pelo contrário: para mim, significou tentar forçar os leitores italianos, e não apenas eles, a finalmente acertarem as contas com o fascismo.

De fato, em minha opinião (e não apenas na minha), essas narrativas, apesar de transcorridos cem anos desde sua ascensão e setenta desde sua queda, nunca foram escritas. Aqui tocamos num ponto crucial e controverso, no qual a gênese de *M* se cruza com a história cultural e política da Itália do fim do pós-guerra, um longo período pós-guerra que, em alguns aspectos, ainda dura até hoje.

Mencionei antes minha juventude como aspirante a escritor, moldada pelo antifascismo do século xx. Pois foi justamente nos anos em que eu me aproximava da vida adulta, recebendo minha formação intelectual e cultivando minhas aspirações literárias, que o período de meio século no qual democracia e antifascismo eram quase sinônimos — período no qual, de fato, as democracias italiana e europeia foram fundadas a partir do antifascismo militante que culminou na Resistência — estava prestes a entrar em declínio. Isso aconteceu mais ou menos na virada do século e do milênio. De fato, depois disso, a cultura antifascista herdada de nossos pais e avós — a visão do mundo, da sociedade e da história sobre a qual, não devemos nos esquecer, nossa constituição, nossa república e nossa democracia, ou seja, nossa civilização, foram fundadas — começou a perder terreno e depois desabou rapidamente. Os sinais desse declínio logo começaram a se tornar numerosos e visíveis: os principais jornais davam voz a polêmicas historiográficas revisionistas, grupos abertamente neofascistas saíam do armário para fazer proselitismo nas escolas, líderes políticos de uma direita autodenominada liberal, em busca de um novo consenso, pronunciavam publicamente frases de Mussolini que, poucos anos antes, os teriam feito perder imensamente. Devagar, quase sem querer, um limiar de uma era na história da consciência nacional foi ultrapassado. O sentimento democrático de nossos pais e nossas mães, formado na luta antifascista de nossas avós e nossos avôs e nela fundamentado, começava a desmoronar. Foi então que, não surpreendentemente, teve início a irresistível ascensão de movimentos, partidos e líderes que mais tarde aprenderíamos a chamar de populistas.

A própria possibilidade de conceber um romance cujo protagonista fosse Benito Mussolini surgiu na esteira dessa derrocada. Antes disso, quando o viés antifascista e o consequente ditame de narrar o fascismo do ponto de vista de suas vítimas estavam em vigor, um romance desse tipo seria impensável. Não foi por acaso que ninguém pensou nisso. Porém, naquele momento, isso se tornou possível e, portanto, em minha opinião, necessário. As mesmas razões históricas que erodiam os fundamentos da democracia fundamentada no antifascismo militante exigiam que se buscassem novas formas de narrativa democrática capazes de herdar o legado da segunda metade do século xx e, se possível, superar suas contradições. As mesmas contradições que impediram os italianos de se reconciliarem totalmente com o passado fascista, como sugeriam as regurgitações do início do milênio.

No léxico da língua alemã, existe uma palavra composta cunhada especificamente para descrever o longo processo de reflexão crítica realizado pelos alemães no pós-guerra sobre os terríveis pecados do nazismo e, em parte, também a lenta e árdua emancipação do sentimento de culpa pelos crimes cometidos pelos nazistas. Esse termo é *Vergangenheitsbewältigung*, que pode ser traduzido literalmente como "superação do passado".

A língua italiana não conta com qualquer locução análoga. Em minha opinião, o motivo é que esse processo de superação do passado, embora iniciado, nunca foi concluído. Como sempre em casos assim, as razões disso são inúmeras e peculiares à nossa história política. Quando concebi o projeto *M*, julguei que também deveria ser contada nele uma consequência secundária não intencional do "mito da resistência", uma espécie de efeito colateral daquele fenômeno histórico. De fato, perceber o próprio passado nefasto pressupõe uma assunção preliminar e radical de responsabilidade. Para poder olhar para o fundo do abismo, é necessário ver o abismo dentro de si mesmo. Se isso não aconteceu na consciência coletiva do povo italiano, além das muitas outras causas que podem ser encontradas na história política de nosso pós-guerra, isso também se deve ao fato de que a narrativa do fascismo se manteve hegemônica até tempos recentes. O preceito — quase um ditame cultural — de narrar o fascismo mediante o antifascismo e, portanto, a tendência de um povo inteiro de se identificar com a posição simbólica de vítima, impediu a assunção da responsabilidade narrativa que é indispensável para acertar as contas com o passado. Para que isso pudesse acontecer, teria sido necessário partir do pressuposto de que nós, italianos, éramos fascistas, que o fascismo havia sido uma invenção de nosso povo, que o fascismo havia sido e continuaria a ser não um desvio de seu curso regular, mas sim o momento central de nossa história contemporânea. Se essa revolução narrativa não tivesse ocorrido, o fascismo permaneceria como o grande reprimido da consciência nacional e, como num conto de fantasmas, continuaria assombrando nossa casa comum.

Assim eu pensava quando concebi o projeto *M*, e é isso que ainda penso hoje. E, salvo engano, a cobertura política recente prova que eu estava certo, infelizmente.

Portanto, não escondo de vocês e, acima de tudo, não escondo de mim mesmo que o fato de eu estar aqui enfrentando esse tema num momento em que a maioria de meus compatriotas elegeu um governo de direita, com muitos integrantes oriundos do neofascismo, não me deixa nada indiferente, nem mesmo neutro (eu não poderia ser neutro nem se quisesse, já que na Itália sou alvo de ataques pessoais vulgares, insultantes e violentos por parte da imprensa de direita).

Assim, o que eu disse e o que ainda direi aqui não pretende ser neutro, imparcial ou impessoal, nem tem a ambição de falar em nome de uma suposta "terceira dimensão do conhecimento" (supondo que essa exista no âmbito do discurso cultural). Não. Não. Três vezes não. Pelo contrário, minhas palavras pressupõem uma participação biográfica, existencial e até mesmo histórica minha naquilo que digo. Estou pessoalmente envolvido no que digo a vocês. Declaro, proclamo e reivindico tudo isso.

Nos últimos anos, pediram-me com frequência — numa daquelas perguntas jornalísticas algo impossíveis — para encontrar uma palavra que resumisse o fascismo como um todo. É uma causa perdida: poderíamos dizer "violência", mas, nesse caso, teríamos de especificar que tipo de violência e, mesmo assim, muitas outras características essenciais restariam excluídas. Há quase trinta anos, numa de suas palestras mais importantes, Umberto Eco argumentou que a difusão e a influência do fascismo italiano no mundo e ao longo do tempo dependeriam do fato de que ele "não possuía uma quintessência, tampouco uma única essência", característica essa que o tornaria um "totalitarismo difuso", ou seja, um conjunto vago com contornos imprecisos; portanto, um jogo que poderia "ser jogado de várias maneiras", até mesmo diferentes entre si, e que em seu próprio âmbito apresentava inúmeras incongruências, confusões e contradições. Essa peculiaridade do fascismo possibilitaria, segundo Eco, apontar uma lista de características não suscetíveis de serem "arregimentadas num sistema", típicas do que ele desidentificou como "Ur-Fascismo" ou "fascismo eterno". Bastaria que apenas uma dessas características estivesse presente para "coagular uma nebulosa fascista".

Bem, eu gostaria de, com vocês, tentar dar uma olhada no interior dessa forma singular de "eternidade" gerada pela história e para a história que, em minha opinião, seria mais apropriado entender como o legado do fascismo histórico no presente histórico. É, de fato, no contexto do cenário político atual que tentarei elaborar minha lista de características duradouras ou resgatadas do fascismo italiano nas décadas de 1920 e 1930, convicto de que a "superstição fascista" (no sentido da sobrevivência de crenças e práticas de um passado distante) esteja mais uma vez fazendo a história contemporânea da Itália e da Europa, a história que vem do fascismo como seu evento central.

Antes de iniciar essa tentativa, é necessária uma última premissa. Jamais fiz parte do grupo de intelectuais, artistas e ativistas políticos que, nos últimos anos, soaram o alarme quanto a um suposto retorno do fascismo, quando esse alarme indicava um perigo à sobrevivência da democracia devido a um hipotético regresso de fascistas declarados.

Na Itália, da mesma forma como em muitos outros países europeus e americanos, há uma galáxia de associações, grupos e movimentos declaradamente neofascistas e neonazistas (infelizmente, agora, quando eles se declaram neofascistas, quase sempre são também declaradamente neonazistas, porque o neofascismo dos últimos anos e décadas quase sempre assume uma tendência neonazista). São, para ser franco, pessoas que comemoram o aniversário de Hitler. Trata-se de uma galáxia semissubmersa e bastante extensa. É complexa e articulada, e não muito numerosa, mas não totalmente marginal e residual. É uma galáxia que, na Itália dos últimos anos, sobretudo nas eleições gerais de 2018, forjou uma aliança comprovada com certos partidos do governo em alguns de seus picos.

Apesar do fato de que os expoentes dessa galáxia muitas vezes pratiquem atos de violência — de violência física, não apenas verbal —, nunca acreditei, e não acredito ainda hoje, que o verdadeiro perigo para a democracia venha deles, ou seja, do retorno, para ser franco, dos camisas negras, dos que se declaram abertamente fascistas em pleno século XXI, dos que andam de cabeça raspada e fazem a saudação romana, dos que batem e espancam. Esses fenômenos são, é claro, nefastos e devem ser tratados de acordo com a lei. Em minha opinião, esses militantes extremistas e violentos não representam, como eles querem pensar, uma vanguarda. Não marcham à frente dos processos históricos rumo ao futuro próximo. Pelo contrário: são e sempre serão uma retaguarda. Uma retaguarda barulhenta, violenta e eterna.

Porém, pessoalmente, acredito que hoje o desafio à democracia não ameaça sua própria sobrevivência, ou seja, não representa um perigo existencial. Jamais acreditei que o centenário da Marcha sobre Roma, ocorrida em 28 de outubro de 2022, pudesse anunciar o risco de um segundo assassinato de nossa democracia, de sua supressão. A comparação entre a vitória eleitoral dos Irmãos de Itália e a tomada do poder por Benito Mussolini cem anos antes, apresentada por alguns como uma "segunda Marcha sobre Roma", sempre me pareceu sugestiva, porém infundada. Em minha opinião, tendo o fascismo do início do século xx sido um fenômeno eminentemente histórico, ou seja, um movimento político *da* história em sua dupla acepção subjetiva e objetiva do genitivo — ou seja, um produto da história e, ao mesmo tempo, um momento de mudança abrupta na história — não é provável que se repita da mesma forma.

No entanto, eu e várias outras pessoas observamos há vários anos, até mesmo bem antes de os desdobramentos da política italiana levarem um partido pós-fascista a governar o país, que uma nova ameaça à qualidade da democracia vinha surgindo no horizonte da atualidade. Repito: trata-se de uma ameaça à qualidade da vida democrática, não à sua sobrevivência. Um perigo que tem origem num vasto campo de partidos e movimentos de massa, portanto com um número muito grande de seguidores, que não é minoritário e às vezes é até mesmo majoritário, que convencionamos chamar de "populistas" e "soberanistas". E é aqui, acredito, que a linha de descendência entre o fascismo histórico e a política atual também deve ser traçada. Não se trata absolutamente de uma linha direta, mas sim de uma linha tortuosa e cárstica, que por décadas avança submersa e depois ressurge, uma linhagem que, em muitos casos, é ilegítima, no sentido de que não autoriza o reconhecimento certo e explícito da paternidade de Mussolini.

Esta é minha tese: os movimentos, partidos e, acima de tudo, os líderes políticos que hoje desafiam a democracia na forma que a conhecemos até agora, ou seja, a democracia plena, a democracia parlamentar liberal, ao teorizar ou praticar fórmulas intrinsecamente contraditórias como a da "democracia autoritária", sejam eles italianos, espanhóis, franceses, alemães, brasileiros ou norte-americanos, não são descendentes do Mussolini fascista. Em vez disso, são descendentes do Mussolini populista.

De fato, tenho uma segunda tese, relacionada à primeira: Mussolini não foi apenas o inventor do fascismo, o fundador dos *Fasci di combattimento* e do Partido Nacional Fascista;

também foi o criador da prática política, da comunicação e da liderança que hoje chamamos de populismo soberanista.

Isso significa que a descendência do Mussolini populista não precisa ser necessariamente uma descendência consciente e biográfica, ou seja, inscrita na vida política desses líderes, declarada ou reivindicada, mas também pode ser uma descendência inconsciente e indireta. Em alguns casos, uma forma paradoxal de sucessão que corre para trás ao longo do tempo, configurando uma filiação por ancestralidade. Trata-se, no entanto, de um parentesco que, analisadas as formas de prática política implementadas pelos líderes dos movimentos populistas e soberanistas atuais, encontraremos em letras claras e bastante legíveis em seus pensamentos, palavras, ações e omissões.

Para ilustrar essa tese, eu gostaria de começar com duas anedotas.

A primeira remonta a 10 de novembro de 1918. Fazia poucos dias que terminara a Primeira Guerra Mundial, aquele apocalipse que arrastou toda a civilização europeia na lama e no sangue em sua esteira. Um trauma coletivo bem descrito pelo grande poeta francês Paul Valéry que, depois do conflito, escreveu: "Hoje as civilizações sabem que são mortais".

    Bem, a carnificina acabara. A Itália, depois de ter pagado um custo muito alto em termos de vidas humanas, estava entre os países vitoriosos, e, em Milão, a cidade laboratório político do novo século, os pensamentos das pessoas se voltaram para os Cinco Dias de Milão, que marca a insurreição da população milanesa contra os ocupantes austríacos ocorrida em 1848, um dos momentos iniciais do processo de despertar que levaria à unificação da Itália, ou seja, ao nascimento da nação italiana, cinco dias gloriosos em que as pessoas de todos os estratos sociais, mal armadas, se mobilizaram de modo quase espontâneo, espalhando barricadas pelas ruas da cidade, despejando no espaço público grande parte dos bens que possuíam e até então embelezavam os espaços privados até a véspera (móveis, eletrodomésticos) e, com a força de um desespero magnânimo, derrotaram no campo de batalha uma guarnição do exército mais poderoso e temido da época.

Naquele novembro de setenta anos mais tarde, ao fim de outra guerra monstruosa contra os austríacos — alardeada como o capítulo final do *Risorgimento* —, em Milão, ao redor do monumento dos Cinco Dias, era relembrada a fagulha inicial e o heroísmo na origem à nação italiana. Nesse cenário, um político ainda jovem e um jornalista de tropas de choque que, até antes da guerra, havia sido um dos líderes mais queridos da ala radical do Partido Socialista Revolucionário Italiano e que, depois, foi ignominiosamente expulso do partido justamente por ter abandonado as posições pacifistas da Internacional Socialista para se juntar às fileiras do intervencionismo, encontrava-se na praça com os milaneses. Aquele jovem líder político em busca de um novo caminho rumo ao poder, de um novo povo depois que o povo socialista o repudiou, transformando seu amor inicial em ódio feroz, chamava-se Benito Mussolini. Benito Mussolini era, naquele momento, um desgarrado em busca de um novo lar, um ator em busca de uma plateia, um aventureiro com toda a frota queimada às suas costas e, à sua frente, um muro de ódio erguido por seus antigos camaradas socialistas. Acompanhando-o estava a amarga consciência da impossibilidade de voltar atrás e, ao mesmo tempo, a empolgante sensação de viver numa época tumultuada — a um só tempo crepúsculo e alvorada — na qual tudo, literalmente tudo, era possível. Anos formidáveis, nos quais "num dia você sai da cadeia e no dia seguinte é primeiro-ministro". Então, junto ao monumento que comemora os Cinco Dias de Milão com a personificação de seus momentos mais heroicos, Mussolini teve uma de suas muitas — é preciso reconhecer — brilhantes intuições. O que foi que ele fez? De repente, subiu no caminhão dos *Arditi*.

Quem eram os tais *Arditi*? E o que significou o gesto de se postar ao lado deles naquela viatura bélica? Os *Arditi* eram tropas de assalto, um corpo especial do exército italiano que, nos anos da Primeira Guerra Mundial, foram celebrados pela propaganda patriótica como verdadeiros heróis. Os *Arditi* eram ao mesmo tempo uma elite guerreira e a escória do exército italiano. Muitas vezes recrutados entre criminosos comuns, a quem era oferecida a alternativa entre o alistamento e a prisão, eles não levavam uma vida regular nas trincheiras com as tropas, não conheciam a experiência aniquiladora e aterrorizante de noites e madrugadas sem fim na lama sangrenta da linha de frente, numa paisagem humana e física desertificada por anos de ataques e bombardeios, um terreno baldio povoado por uma humanidade alienada, uma charneca repleta de crateras lunares. Eles tinham permissão para viver a "boa vida na retaguarda" — mulheres da guarnição, naufrágios bêbados, folia furiosa — contanto que estivessem prontos quando os caminhões descobertos viessem buscá-los para liderá-los em ações de comando imprudentes, muitas vezes suicidas. Portanto, os *Arditi* eram glorificados exatamente por essas supostas virtudes guerreiras que refutavam fundamentalmente as características de um bom soldado. De fato, criou-se um verdadeiro mito a respeito do *arditismo*.

Basta pensar que, mais de um século depois, ainda há expressões idiomáticas em uso na língua italiana que ecoam o mito dos *Arditi*, mesmo que quem as use não tenha consciência disso. Por exemplo, quando alguém quer proclamar que é determinado, aguerrido, dizemos que a pessoa tem "a faca entre os dentes": "Vou fazer essa prova com a faca entre os dentes"; "Vou marcar o centroavante adversário com a faca entre os dentes". Por que dizemos isso? Porque, na retórica iconográfica, o *Ardito* era representado como alguém que atacava a posição inimiga com a camisa aberta sobre o peito — ou seja, contrariando o código de vestimenta militar —, com uma granada numa das mãos, uma pistola na outra e a faca — "uma arma latina por excelência", teria dito Mussolini — entre os dentes.

No entanto, naquela tarde de novembro de 1918, o mito do *Arditismo* estava em sua fase crepuscular. Os *Arditi* foram celebrados e aclamados como heróis durante a guerra pela propaganda nacionalista, mas então a paz voltou. Depois, foram marginalizados e até mesmo submetidos a uma forma de licença humilhante, ordenados a marchar durante semanas debaixo de chuva antes de serem dispensados, justo eles, que nunca foram obrigados a estar nas trincheiras, a marchar, a se submeter à dura e obtusa disciplina militar. Por fim, foram saudados sem nenhuma comemoração, sem nenhum rito honorário, quase em segredo. Demitidos como se demite um servo infiel, disse Mussolini.

Por que isso aconteceu? Porque são profissionais da violência, nem sempre — mas amiúde — são delinquentes comuns que tiveram de escolher entre ir para a cadeia ou ir para o corpo de assalto; porque, se treinamos homens para viver pela violência, depois é difícil reintegrá-los à vida civil pacífica. É por isso que foram deixados de lado, escondidos e até humilhados. A Pátria agora não precisava mais de suas granadas de mão, suas pistolas à queima-roupa, suas facas nos dentes. E quase se envergonhava disso.

Porém, Benito Mussolini não tinha um povo e estava em busca de um novo público, um novo caminho rumo ao poder. Os *Arditi* estão no monumento dos Cinco Dias de Milão num daqueles caminhões abertos com os quais eram levados à frente de batalha quando tinham de atacar as posições inimigas, com suas lúgubres bandeiras negras, com seu emblema horrendo: uma caveira mordendo um punhal. E eis aí a intuição: aqueles profissionais da guerra, que agora ninguém mais quer porque reina a paz, subitamente rebaixados da posição de heróis à de párias, aqueles homens violentos, aparentemente irredutíveis a qualquer disciplina ordenada, são na verdade cães de guerra em busca de um dono. Acima de tudo — e infelizmente essa é a parte mais inovadora e perspicaz da intuição de Mussolini —, o povo que o futuro *duce* busca pode e deve ser um exército. Exército político, pessoal e particular. Uma milícia na qual o militante e o militar coincidam em tudo. Uma máquina de guerra em tempos de paz, dedicada não a preservar a segunda, mas a prolongar a primeira, trazendo as trincheiras para as ruas da cidade. Então, Benito Mussolini chama aqueles mastins para junto de si, sobe no caminhão deles, sobe nele fisicamente, e não apenas metaforicamente.

O que acontece depois? A cena seguinte — perdoem o romancista — ocorre na taverna. Taverna, grandes taças de vinho, cantoria, coros militares, rituais de camaradagem, gestos viris de lealdade, mãos nos ombros, mãos nas mãos, os *Arditi* jurando lealdade a Mussolini (lembrem-se de que Mussolini era uma figura muito conhecida, um tribuno célebre, portanto, digamos que ele era famoso). E Mussolini, que mais tarde trairia a tudo e a todos sistematicamente, começando por trair a si mesmo, proclamou-se fiel por toda a vida àqueles guerreiros agora sem propósito e insistiu em defendê-los nas colunas de seu jornal — era dono de um jornal, *Il Popolo d'Italia*, ao qual voltaremos em seguida — e de sua tribuna pessoal, deplorando o tratamento desonroso e nada magnânimo que o Estado italiano, a Pátria ingrata, reservava a eles. Uma polêmica jornalística que, ao mesmo tempo, alimentava e se beneficiava do sentimento de decepção e traição amplamente difundido entre os veteranos italianos — ex-soldados de um exército vitorioso que, não obstante, se sentiam derrotados — magistralmente sintetizado na imagem da "vitória mutilada", brilhante invenção linguística atribuída a Gabriele D'Annunzio, com quem, não por acaso, Mussolini disputou ferozmente o papel de líder dos desbaratados.

Então, eis-nos aqui diante de uma das raízes do fascismo, a mais canônica delas: a ligação original entre o fascismo e a violência política sistemática, ostensiva e assassina. De fato, aqueles profissionais da guerra, despertados pelo cheiro de sangue feito sabujos, incapazes de se readaptarem à paz, à civilidade, que vivem, enfim, pela e para a violência, formariam o núcleo inicial dos esquadrões fascistas.

Para dar uma dimensão à importância atribuída aos *Arditi* na fundação do movimento fascista, basta pensar que, na narrativa das origens do movimento, a sede milanesa da Associação dos *Arditi* da Itália foi batizada com o numinoso cognome "covil número 1" (ficava nos fundos de um botequim na Via Cerva, no então infame distrito de Bottonuto), enquanto a sede do *Il Popolo d'Italia*, jornal onde Mussolini mantinha seu escritório e órgão oficial do fascismo, na Via Paolo da Cannobio, teve a honra secundária de ser o "covil número 2". Então, para entender o papel ativo e decisivo desempenhado pelos *Arditi* no nascimento do fascismo, basta pensar que quando, no fim da primavera de 1924, foi tomada em Roma a decisão de assassinar Giacomo Matteotti, o último, tenaz e corajoso oponente parlamentar dos fascistas, Amerigo Dùmini, o encarregado de executar esse serviço sujo, convocaria quatro famigerados antigos *Arditi* milaneses do "covil" da Via Cerva.

Entretanto, voltemos ao momento do gesto de fundação. A cronologia é eloquente: em 10 de novembro de 1918, findo o desfile da vitória junto ao monumento dos Cinco Dias de Milão, Mussolini sobe no caminhão dos *Arditi*. Poucos meses depois, em 23 de março de 1919, o fascismo nascia oficialmente, com a fundação dos *Fasci di combattimento* na Piazza San Sepolcro, em Milão, numa sala alugada do Círculo da Aliança Industrial e Comercial.

Quantas pessoas participaram daquela primeira assembleia de fundação do movimento fascista? Cem. Apenas cem. Ou seja, menos pessoas do que nós que estamos presentes aqui hoje. Assim nasceu o fascismo. Com um fiasco. Um fracasso tamanho que obrigou os organizadores a cancelarem a sala do Teatro Dal Verme, com capacidade para mil pessoas, reservada inicialmente. Cabe dizer que aquele público de poucas dezenas incluía pessoas conhecidas, pequenos empresários e até mesmo alguns artistas, porém, além deles e de um punhado de sindicalistas revolucionários e gazeteiros desesperados, estavam, sobretudo, eles, os antigos *Arditi*, profissionais da violência.

A violência sempre permanecerá como a flama primordial do fascismo e o acompanhará em todos os momentos de sua história, até o fim, até seu crepúsculo apocalíptico na Segunda Guerra Mundial. A violência, alfa e ômega do fascismo.

O ponto de partida, o covil número 1 do fascismo, encontrava-se ali, na sede do *Arditi*. Portanto, no início estava a violência. Na origem do fascismo, em suas bases, está a experiência das trincheiras, os três anos que aqueles jovens do sexo masculino passaram juntos, comendo, bebendo, fumando e dormindo em meio aos cadáveres em decomposição de seus próprios companheiros soldados. O *Männerbund*, o vínculo viril daqueles homens unidos na irmandade das armas, foi a experiência fundadora da antropologia fascista (e essa também é a principal razão pela qual é impossível que o fascismo, na forma que este assumiu no século xx, reapareça na Europa Ocidental da atualidade, abençoada com setenta anos de paz e povoada por três gerações que desconhecem a violência bélica).

Portanto, esse elo de origem entre o fascismo e a violência delineia uma característica essencial que jamais será esquecida ou negligenciada. Contudo, não compreenderíamos o fascismo se nos detivéssemos apenas nisso. Não o compreenderíamos porque, se o fascismo houvesse se limitado ao exercício de uma nova forma de violência política sistemática, jamais conquistaria o poder. Mussolini — é verdade, é bem verdade, sem sombra de dúvida — estuprou a Itália com os *Arditi* convertidos em *squadristi*. Porém, não se limitou a violentá-la: também a seduziu. As duas ações foram simultâneas: o futuro *duce* seduziu a Itália enquanto seus cães de guerra a estupravam.

A violência inerente ao estupro também não era de todo alheia à tarefa de sedução. Não se tratava de violência de uma parte e sedução de outra. Pelo contrário, infelizmente, a forma peculiar de violência fascista tornou-se sedutora, tornou-se um objeto de desejo político para muitos expoentes da pequena burguesia nacional que, ao mesmo tempo em que ficavam horrorizados com ela, ansiavam pela solução de uma crise social que, de outra forma, restaria insolúvel. O *squadrismo* orquestrado por Mussolini seduziu primeiro a Itália e depois o mundo. Não podemos nos esquecer, por exemplo, de que o fundador do fascismo serviu de modelo para Adolf Hitler, da mesma forma que para tantos outros líderes de movimentos políticos autoritários europeus e americanos.

Houve, portanto, uma segunda origem, uma segunda raiz do fascismo que não podemos ignorar, pois do contrário corremos o risco de não o compreender: a sedução, paralela, inerente e coetânea com a violência. Essa segunda origem está sintetizada em outra anedota.

Deu-se em 17 de novembro de 1919, ou seja, poucos meses depois da reunião de fundação do movimento dos *Fasci di combattimento*. As primeiras eleições livres do período pós-guerra ocorreram na Itália (livres até certo ponto, já que apenas homens votavam, e isso já seria suficiente, de nosso ponto de vista atual, para considerá-las antidemocráticas). Como afirmamos no início, a atmosfera é daquelas na qual sentimos que tudo é possível, na qual nos sentimos na iminência de "tomar a história de assalto" (para citar uma fórmula típica do fascismo e de sua relação com a História, mas plenamente compartilhada pelos "inimigos" socialistas). A Segunda Guerra Mundial acabava de terminar, três impérios antigos acabavam de entrar em colapso e, nos escombros deles, três dinastias que governaram a Europa durante séculos caíram no intervalo de umas poucas semanas; o movimento socialista anunciava a revolução mundial e, na Rússia, esta já havia triunfado. Tudo podia acontecer? É um daqueles raros momentos em que — como Italo Calvino afirmou a respeito do segundo pós-guerra europeu — nos sentimos depositários de "um sentido da vida como algo que pode recomeçar do zero". A atmosfera é febril e a sucessão de eventos traduz abalos apocalípticos, como nas noites nas trincheiras.

Mussolini, que havia muito tempo pregava o desprezo à falsa democracia eleitoral e afirmava que os fascistas se recusavam a participar daquela comédia, implementando uma das tantas mudanças de direção oportunistas e inescrupulosas típicas de seu modo de fazer política (como veremos em breve), se candidatou pela primeira vez como cabeça de chapa do movimento que fundara com meras cem pessoas na Piazza San Sepolcro poucos meses antes. Ainda não era o Partido Nacional Fascista: por ora, tratava-se apenas do movimento dos *Fasci di combattimento*. Nessa chapa costurada às pressas, numa tentativa de disputar com D'Annunzio (novamente em alta depois da aventura da tomada da cidade-estado de Fiume) a liderança dos veteranos da Grande Guerra, há também algumas figuras de proa: não havia apenas Mussolini; havia Filippo Tommaso Marinetti, o criador do futurismo, homem à sua maneira genial; havia Arturo Toscanini, o grande regente de orquestra, maestro já bastante famoso que, poucos anos depois, se converteria num dos símbolos internacionais do antifascismo, mas que, no clima febril daqueles dias, olhava com interesse e simpatia para os jovens impetuosos determinados a mudar o mundo, a varrer a velhice do poder do século XIX, chegando mesmo a financiá-los.

Atenção. Como se chamava a chapa pela qual os primeiros fascistas se candidataram às eleições? Chamava-se "Bloco Thévenot", um nome muito simbólico. O que era esse Thévenot? Era um petardo, uma granada lançada à mão, de precisão. Ou seja, os fascistas se candidataram nas eleições democráticas por uma chapa cujo símbolo eleitoral é um petardo usado pelas tropas de assalto durante a Primeira Guerra Mundial. Suas intenções não podiam ser mais explícitas.

Quais foram os resultados das eleições para Mussolini? Um desastre, uma derrota acachapante. A chapa *Fasci di combattimento* obteve apenas 4.657 votos na Itália inteira. Só 4.657. Pouquíssimos votos. Nenhum eleito, nem o próprio Mussolini. O cabeça de chapa obteve apenas 2.427 votos. Na Itália inteira.

E o outro lado? Qual foi a resposta das urnas a outra formação declaradamente revolucionária, determinada a usar de maneira provisória o instrumento eleitoral do sistema democrático apenas com vistas à sua supressão posterior? O Partido Socialista Italiano (PSI), partido do qual Mussolini foi dissidente, do qual foi expulso e que agora era seu principal inimigo, obtém mais de 1,8 milhão de votos. Veja só a desproporção. De um lado, temos 1,8 milhão de votos, um sucesso avassalador, as massas populares marchando sob uma bandeira comum, a bandeira vermelha da revolução proletária, e, do outro, esses poucos veteranos desavergonhados, frenéticos e violentos. Frustrados. Com apenas 4.657 votos. Um petardo de assalto numa das mãos e apertando um punhado de moscas na outra.

Naquele momento, muitos imaginavam que Benito Mussolini seria um político acabado. Os antigos camaradas socialistas organizaram um funeral simulado com caixão aberto na Via Paolo da Cannobio, no centro histórico de Milão, bem debaixo da janela do editor-chefe do jornal *Il Popolo d'Italia*. Foram até lá zombar do traidor, do antigo companheiro derrotado, foram lá escarnecer dele. Benito Mussolini não teve como não espiar pela janela, escondido atrás de cortinas de musselina, o fantoche com sua cara levado em procissão ao som de cantos goliardos, sarcásticos e triunfais. Nas páginas do

Avanti!, o jornal símbolo do socialismo, diário do qual o fundador do fascismo foi, com orgulho, editor-chefe até novembro de 1914, aparece uma notícia breve, uma *fake news* — como hoje diríamos — zombeteira: "Encontrado no Naviglio um cadáver desconhecido. Alguns acreditam que seja o cadáver de Benito Mussolini".

Aquela zombaria soou para todos como um autêntico epitáfio fúnebre de uma carreira política acabada. Imaginem que Luigi Albertini, proprietário e editor-chefe do *Corriere della Sera*, um dos mais importantes expoentes do pensamento liberal italiano na época, intercedeu junto a Francesco Saverio Nitti, então primeiro-ministro, para que Benito Mussolini, que estava preso, fosse libertado.

Por que Mussolini foi parar na cadeia? O que aconteceu? Aconteceu que, no dia seguinte às eleições, durante uma batida dos *carabinieri* no escritório do *Il Popolo d'Italia*, foram encontradas armas: porretes e granadas de mão. Com isso, Benito Mussolini foi preso sob a acusação, bastante fundamentada, de ter organizado gangues armadas (naquelas mesmas horas, Albino Volpi, o notório ex-*ardito* milanês e proto-esquadrão fascista, futuro assassino de

Giacomo Matteotti, lançava duas dessas bombas no meio da procissão de socialistas jubilosos, atingindo, inclusive, mulheres e crianças).

Depois da amarga derrota eleitoral, esse foi o golpe de misericórdia que poderia (ou deveria?) ter posto um ponto-final ao fascismo ainda em suas primícias. O fascismo esteve prestes a morrer pela raiz. Porém, infelizmente, Luigi Albertini correu em auxílio do inimigo iliberal, demonstrando uma forma de cegueira em relação à ameaça fascista que se manifestaria muitas vezes nos anos seguintes por parte dos pensadores liberais. De seu elegante escritório na Via Solferino, em Milão, cercado por madeiras preciosas e requintados ferros floridos em estilo art nouveau, Albertini telefonou para o primeiro-ministro em Roma: "Olha, Nitti, liberta esse Mussolini", ele disse. "Ele já está arruinado. Não vamos fazer dele um mártir." E, em Roma, eles o libertaram. Era o dia 19 de novembro de 1919.

Albertini, Nitti e os socialistas não foram os únicos a avaliarem que Benito Mussolini era um homem politicamente acabado. O próprio Mussolini foi o primeiro a acreditar nessa afirmação. Quem testemunhou isso foi sua amante e mentora na época, Margherita Sarfatti, mulher da classe média alta milanesa, esposa de um conhecido advogado seduzido pelo socialismo, filha de um empresário judeu veneziano riquíssimo, pessoa de cultura refinada e alta posição social, especialista e colecionadora de arte, que havia algum tempo vinha patrocinando a ascensão política daquele "selvagem" da província, educando-o, cultivando-o da melhor forma possível e introduzindo-o nos círculos da elite milanesa. Com ela, no sigilo da alcova, Mussolini desabafou sua frustração: "Chega, chega de política! Não aguento mais, já fiz isso o bastante: estou mudando de emprego. Posso ser um violinista errante" — Mussolini sabia tocar violino — "posso escrever peças, posso escrever um romance" (sabe-se lá por quê, mas, quando alguém não sabe o que fazer, pensa em escrever um romance). Margherita Sarfatti o consola, aconselha-o, incentiva-o, e Mussolini refaz seu caminho.

Então, recapitulemos a cronologia dos eventos. Dia 19 de novembro de 1919: Mussolini é considerado por todos, começando por ele mesmo, como um político acabado. Dia 28 de outubro de 1922: dois anos e onze meses mais tarde, Mussolini, depois de ameaçar uma revolução violenta com seus *squadristi* acampados nos portões de Roma, mas viajando confortavelmente num vagão-dormitório de Milão, porque havia sido oficialmente convocado pelo rei da Itália, Vittorio Emmanuele III, subiu as escadarias de mármore do Quirinale — um palácio real — e ele, o filho de um ferreiro, nascido num vilarejo remoto nas províncias italianas, com apenas 39 anos, recebeu de sua majestade a autorização legal para formar seu primeiro governo. Isso acontece, é preciso dizer, no auge da chamada marcha sobre Roma — uma insurreição armada que o exército poderia facilmente ter esmagado se o rei tivesse ordenado que assim fosse feito — no fim de outubro de 1922, portanto apenas três anos depois das desastrosas eleições de 1919, a prisão do agitador fracassado e a decretação quase unânime de sua morte política. A questão trazida à baila por essa segunda origem do fascismo é, portanto, a seguinte: como foi possível que um homem rude e ignorante, jovem para a época — em outubro de 1922, Mussolini tinha 39 anos, o que o tornava o chefe de governo mais jovem da Europa e talvez do mundo —, filho de um ferreiro, ou seja, filho do povo desprovido de quase tudo, vindo do nada, expulso do Partido

Socialista, considerado por todos um político fracassado apenas três anos antes, como foi possível, então, que ele chegasse ao poder, um poder oficial e legalmente recebido das mãos augustas do rei da Itália?

A resposta pode ser encontrada na anedota de março de 1919, naquele salto graças ao qual Mussolini subiu no caminhão dos *Arditi*: violência, a violência ideologicamente orientada de uma milícia armada pela primeira vez identificada com um partido político, a ameaça de violência assassina. E se trata seguramente de uma resposta pertinente que nunca deve ser esquecida ou subestimada. No entanto, acredito que não é suficiente explicar o que aconteceu, explicar o inexplicável. Se quisermos realmente entender, devemos, como eu disse, olhar não apenas para Mussolini, o estuprador da Itália, mas também para o Mussolini sedutor da Itália. O Mussolini sedutor não se espelha na carranca aterrorizante do *squadrista*, não coincide com o fascista no sentido estrito, mas sim com sua faceta populista. Apenas encontrando, sob as expressões marciais da máscara fascista, até mesmo os traços persuasivos do populista, é que poderemos explicar a nós mesmos, tanto hoje como também naquela época, a escalada meteórica do consenso que leva o marginal de ontem à conquista esmagadora do poder hoje ou amanhã.

II

POPULISMO

Populismo é um termo vago, genérico, com frequência utilizado de forma imprecisa, às vezes até equivocada. Uma palavra-amuleto que se emprega em exorcismos linguísticos diante de uma realidade fugidia e perturbadora, fantasmagórica e ameaçadora, e nós a carregamos numa procissão, como era feito antigamente com a imagem do santo padroeiro nos povoados do sul da Itália, diante da fome ou de um cataclismo. Devemos manuseá-la com cautela (e até mesmo com moderação).

De minha parte, há muitos anos, enquanto me esforçava para entender Mussolini narrativamente do ponto de vista de um escritor do século XXI, vi tomarem forma algumas características que definem a fisionomia política do populismo e, sobretudo, sua forma de liderança. Essas características surgiram diante de meus olhos num olhar bifocal, voltado simultaneamente ao passado e ao presente, ganhando o aspecto de regras reais, ou seja, referências normativas de ação. Trata-se dos preceitos, dos procedimentos, das técnicas políticas que, há cem anos, ao lado da violência *squadrista*, permitiram que o *duce* do fascismo seduzisse a Itália depois de estuprá-la e até mesmo enquanto a estuprava.

PERSONALIZAÇÃO AUTORITÁRIA

"*Eu* sou o povo." Essa é a primeira regra do populismo mussoliniano. O populista Mussolini — e, na esteira dele, todos os líderes populistas até os dias de hoje — começa com essa afirmação. Uma afirmação arrogante, pretensiosa e ilógica por si só. Mas ele não se limitou a isso. Completamente indiferente à cãibra lógico-gramatical em que incorre, ele também afirma o contrário: "O povo sou eu". Se a primeira afirmação se aventura numa sinédoque (a parte pelo todo) desproporcional e por si só já perigosa, a segunda opera a redução violenta de uma pluralidade numerosíssima à singularidade do líder carismático.

O termo "populista" configura um daqueles casos em que a palavra diz tudo. Tudo e nada. Ao rebatizar o individual com o nome de uma entidade coletiva, ele reduz o todo ao quase-nada do indivíduo: "populista", eu sou o povo, o povo sou eu.

Esse "eu" onívoro precede cada pensamento, argumento, programa; implica uma acentuação personalista muito forte da proposta política como um todo. No caso de Benito Mussolini, a entrada desse "eu onívoro" na política é anunciada por uma revolução na linguagem jornalística. Percebemos isso relendo seus artigos — à sua maneira extremamente eficazes e formidáveis — que revolucionaram o jornalismo da época, mas sobretudo se os compararmos com os textos impregnados da cultura literária do século XIX e que ainda dominavam a imprensa italiana no início do século XX.

Benito Mussolini jamais se esqueceu de que começou como jornalista (manteve a propriedade e, por um intermediário, a administração do jornal que fundara durante todos os vinte anos da ditadura). Também não devemos nos esquecer disso. De fato, o agitador nascido em Predappio, na Emilia-Romagna, estreou no cenário nacional italiano como jornalista. Antes de fundar *Il Popolo d'Italia*, foi chamado da província de Reggio Emilia a Milão para dirigir o *Avanti!*, órgão de imprensa do socialismo, o mesmo jornal que os *squadristi* protofascistas depois atacaram e incendiaram em abril de 1919.

O futuro *duce* conquistou essa promoção com uma aparição sensacional na convenção nacional dos socialistas na Reggio Emilia, atacando com veemência brutal certos patriarcas anciãos da ala moderada do partido, acusados de visitar o rei que fora ferido num atentado. Imputou a eles suas contradições, difamou-os e até mesmo os insultou. Fez isso numa mescla de êxtases retóricos e gestos exaltados. Gritou e reclamou, bateu com os punhos na tribuna e xingou sem parar.

O público ficou dividido. Alguns enxergaram nele um louco ("*L'è matt*", disseram). Outros enxergaram nele o futuro ("Benito Mussolini, anotem este nome: ele é o homem do futuro", escreveu o advogado Cesare Sarfatti, representante de Milão na convenção, à sua esposa Margherita, a qual não se deixou implorar).

O fato é que Mussolini foi nomeado editor-chefe do jornal oficial dos socialistas e certamente não é coincidência que, sete anos depois, a primeira ação violenta dos *squadristi* fascistas — ao lado dos nacionalistas, dos *Arditi* e dos futuristas, contando com a cumplicidade passiva da polícia — foi atacar e incendiar a sede do *Avanti!* em Milão, deixando mortos e feridos. Como troféu, feito uma bandeira arrancada ao inimigo, os agressores trouxeram a tabuleta do jornal para Mussolini, que, como costumava fazer, aguardou o resultado da ação sem se expor pessoalmente, em seu gabinete de editor-chefe do *Il Popolo d'Italia*, a poucas quadras de distância. "Esta data marca o início de nossa guerra civil", disse o futuro ditador naquele dia, perante um punhado de arruaceiros assassinos, ao receber a tabuleta de seu antigo jornal nas mãos, passando com gana por cima do cadáver de seu passado recente.

Essa é provavelmente a terceira cena matriz da aventura fascista. E, mais especificamente, a origem da sedução populista que sempre o acompanhou. Em conjunto, trata-se das representações simbólicas das duas principais armas com as quais Benito Mussolini conquistou o poder: a força física da violência dos *squadristi* e a eficácia retórica da comunicação de massa. Porrete e papel impresso.

A seguir, consideremos a revolução linguística que Mussolini trouxe ao jornalismo.

Em primeiro lugar, as frases curtas. Curtas, curtíssimas e sintaticamente elementares. Sujeito, verbo, complemento do objeto. Cada frase é um dito memorável, cada frase é uma citação consumada, cada frase é um slogan. Mas isso não é tudo. Cada frase também precisava ser facilmente extraída do contexto. A linguagem do Mussolini jornalista aspirava a ser livre, irrestrita, emancipada de qualquer obrigação para com a coerência: seus artigos nunca demonstraram qualquer preocupação com a coerência histórica do que ele mesmo dissera um dia antes, um mês antes, um ano antes, nem com o que ele diria no dia seguinte e no próximo; e nenhuma preocupação com a coerência ontológica, ou seja, a ancoragem das palavras na realidade. Além disso, todas aquelas afirmações retumbantes, gritadas e muitas vezes bombásticas eram sempre precedidas pelo pronome pessoal singular: *eu* digo, *eu* prometo, *eu* ameaço... eu, eu, eu. Novamente o personalismo. Dessa vez, o personalismo linguístico ocupa o lugar do pluralismo discursivo complexo, controverso e extenuante. O voluntarismo subjetivo ocupa o lugar da argumentação racional objetiva. O líder carismático ocupa o lugar da amarga realidade. Alguém poderia afirmar que os artigos de Mussolini foram os precursores da política feita por meio de tuítes. E não estaria equivocado.

Eu. Eu sou o povo. E Mussolini era sem dúvida um filho do povo. Assim que chegou a Milão para dirigir o *l'Avanti!*, num típico gesto demagógico, ele reduziu seu salário, começou a escrever aparentemente falando a língua do povo e quadruplicou suas vendas.

Antes do filho do povo, o editor-chefe do jornal havia sido Claudio Treves, integrante do alto escalão do diretório nacional dos socialistas, intelectual culto e refinado de classe média. Um dos tantos indivíduos privilegiados que se apaixonaram e defenderam a causa dos oprimidos naquela época. Ao ler os artigos de Treves, entendemos melhor a novidade perturbadora apresentada pelo populismo linguístico de Mussolini. Treves escrevia em nome do povo, mas o fazia numa prosa culta, erudita e complexa, um periodismo rico em orações consecutivas e subordinadas. Ou seja, ele escrevia em nome do povo, mas de uma forma que o povo mal conseguia entender.

Por sua vez, Mussolini, mesmo quando começou, em seguida, a pôr o fascismo a serviço dos industriais e dos exploradores do proletariado no campo, lançando seus aguilhões e até mesmo seus *squadristi* contra os representantes das classes trabalhadoras, continuou falando uma linguagem perfeitamente compreensível para o povo comum (Treves e Mussolini, os dois antagonistas antitéticos, nutriam tanta raiva um pelo outro que se desafiaram para um duelo em plena Primeira Guerra Mundial. O duelo ocorreu ferozmente numa casa colonial em ruínas na região de Bicocca, arredores de Milão. Os duelistas se enfrentaram em nada menos que seis ataques, terminando ambos feridos).

Eu. Eu sou o povo. Lembrem-se de que, como já dissemos a respeito dessa afirmação, o inverso também é sempre verdadeiro: o povo sou eu. O povo, milhões de vidas, primeiro reduzidas a uma massa e depois condensadas numa única pessoa. É óbvio, portanto, que essa primeira regra é suficiente para definir o populismo de Mussolini como uma forte tendência antidemocrática. Popular, hiperpopular e, portanto, antidemocrática. Pois, se eu sou o povo e o povo sou eu, quem não estiver comigo, quem não pertencer ao povo, estará contra o povo, fora do povo, é inimigo do povo.

Fiel à sua primeira regra, o líder populista estigmatizará qualquer posição política que se oponha a ele não apenas como contrária aos interesses nacionais, mas também como algo alheio à comunidade nacional. Anti-italiana, antiamericana, antifrancesa e assim por diante. Isso bastava para declarar qualquer posição antinacional como ilegítima, quando não ilegal. Os representantes de tais posições receberão não apenas críticas, mas ataques no plano pessoal, serão insultados, apontados como inimigos do povo, dedurados como alvos de sua ira violenta, como traidores. Em casos extremos, serão declarados alvos legítimos de assassinato.

POLÊMICA ANTIPARLAMENTAR

No entanto, antes de chegar a esse ponto, em sua fase ascendente, o populismo de Mussolini trouxe em sua esteira uma feroz polêmica antiparlamentar. O ataque retórico à democracia passava pela propaganda contra o parlamentarismo. Mas por quê? Porque o Parlamento representa a multidão em sua multiplicidade: é o lugar de mil diferenças, de interesses conflitantes, de numerosas posições, uma contra a outra, adversárias, distintas, irredutíveis. O Parlamento é o santuário da lenta e longa arte da democracia, o templo de sua frágil beleza. Porém, se eu sou o povo e o povo sou eu, então o Parlamento se torna uma perda de tempo, um lugar de corrupção, de degeneração patológica, de inadequação, de roubos, de privilégios de casta, o centro de um caos crônico inútil. O destino dos fracos e ineptos o espera.

Não é por acaso que a violenta polêmica antiparlamentar, que retratava o Parlamento como uma complicação inútil, um lugar de corrupção e equívoco, um freio à tomada de decisões políticas, possa ser encontrada na origem de todos os movimentos populistas, ontem e hoje, à direita e à esquerda.

Arquétipo de todos os líderes populistas posteriores, já em 1919, Benito Mussolini chamava o incipiente movimento dos *Fasci di combattimento* de "antipartido", uma fórmula que ecoa de maneira idêntica cem anos depois em nossa atualidade. O fundador do fascismo diz de si mesmo: "Eu não faço política, faço antipolítica", lema de um século atrás que ainda circula amplamente no novo milênio. Ele descreve o Parlamento em Roma como um lúgubre edifício funerário repleto de "múmias de Montecitorio", que ele se propõe expressamente a "liquidar" (outra expressão que ecoa em nossa crônica política recente). Até mesmo a imagem da classe política liberal, retratada como uma "casta" cerrada em seus próprios privilégios, autorreferente e surda aos apelos do povo, que foi tão bem-sucedida nos últimos tempos, e continua sendo, data de cem anos atrás. A paternidade dessa diatribe não pertence a Mussolini, mas sim a Gabriele D'Annunzio ("uma casta de marajás indianos trancados no luxo de seus palácios"), em cuja inventividade o futuro *duce* se baseou para criar o imaginário fascista.

Ao contrário dos populistas atuais, que se limitam — por assim dizer — a desacreditar e solapar pouco a pouco os fundamentos parlamentares da democracia liberal, o populismo fascista de Mussolini declarou desde o início seu desprezo pelo Parlamento e pelo sistema democrático de base parlamentar, bem como sua intenção explícita de derrubá-lo.

A zombaria desdenhosa reservada ao sistema eleitoral — "Desprezamos as medalhas eleitorais", os primeiros fascistas costumavam repetir, contrastando a falsa honra de representar o povo no Parlamento com a glória genuína das medalhas conquistadas nos campos de batalha — não impediu que o oportunismo inescrupuloso de Mussolini levasse seu próprio movimento às eleições quando ele julgou necessário.

Mas o fato de tomar lugar no Parlamento ao lado daquela corja de "múmias", de velhos embalsamados e desconectados da realidade, corruptos e decrépitos, não o impediu de concluir sua conquista do poder em 1922 com uma marcha real e simbólica sobre a capital, um ataque ao próprio coração da democracia (a chamada Marcha sobre Roma). Isso tampouco o impediu, uma vez obtido o mandato do rei para formar seu primeiro gabinete, de humilhar, durante seu primeiro discurso como primeiro-ministro na Câmara dos Deputados, a instituição que ele deveria representar, honrar e defender, chamando-a, numa fórmula memorável, de "câmara surda e cinzenta", constantemente ameaçada por sua redução, sempre possível, a um "bivaque de maníacos", ou seja, à sua supressão pelas milícias fascistas.

DIRIGIR SEGUINDO

O antiparlamentarismo do líder carismático prefigura sua relação com a base popular como diferença e oposição aos ritos previstos pelas mediações típicas da democracia representativa. Como vimos, o líder populista não se limita a representar o povo, ele pretende *ser* o povo. Portanto, resta saber que relação esse "líder" estabelece com o corpo eleitoral do qual ele gostaria de ser a encarnação vertical. Aqui encontramos a terceira regra ou lei do populismo inventado por Benito Mussolini.

O taticismo absoluto de Mussolini, seu oportunismo inescrupuloso, o pragmatismo cínico de um líder disposto a qualquer transformismo e camaleonismo, a qualquer mudança de rumo, de posição e de alianças, têm sido enfatizados com frequência. Tudo isso é verdade. Mas esse seu "imoralismo" sistemático não pode ser reduzido a uma mera questão moral, porque toda a linha de conduta do Mussolini "animal político" tinha origem numa intuição perspicaz do que a política se tornaria na era das massas, que estava se abrindo e atualmente se encontra em sua fase de maturidade.

Acabada a Primeira Guerra Mundial, Mussolini foi um dos primeiros a intuir que, na era das massas, estas seriam guiadas por um líder que não irá à frente delas, que não as precederá, como a palavra inglesa "*leader*" sugere — "to lead", liderar pondo-se à frente — mas as dominará seguindo-as, mantendo-se um passo atrás delas. Portanto, a terceira lei do populismo mussoliniano impõe um novo tipo de líder, o caudilho que guia as massas, não as antecedendo, mas sim seguindo-as.

Pensemos num dos lemas mais célebres e altissonantes do fascismo (o qual, na realidade, teve sua origem histórica na Revolução Francesa, ou melhor, na contrarrevolução da Vendeia).

Um lema escrito nas paredes das casas de beira de estrada.

Se eu avançar, me sigam.
Se eu recuar, me matem.
Se eu cair, me vinguem.

O que o *duce* do fascismo proclamava com essas palavras? Numa primeira leitura, parecem evocar um Mussolini que lidera o povo como um oficial na batalha, avançando à frente dele. Não. Essa era a retórica oficial. A verdade sobre a liderança dele deve ser buscada em outra de suas frases, sussurrada e não proclamada em voz alta.

Benito Mussolini dizia a respeito de si mesmo: "Eu sou o homem do depois". Dizia isso com orgulho, gabando-se de sua astúcia política. Eu sou o homem do "depois", ou seja, chego um momento depois na cena dos eventos políticos. Eu não precedo, eu sigo. Como metáfora, o que isso significa? Significa que o líder populista, como o Mussolini das origens, não tem e não deve ter ideias próprias, não tem convicções inabaláveis, não tem lealdade, não tem estratégias a longo prazo, não lidera as massas em direção a um objetivo distante e elevado que ele vê, mas as massas não veem. Ao contrário, esse líder só sabe de tática, mas não sabe o que é estratégia; só sabe de oportunidades, mas não sabe o que são convicções; só sabe o que é a práxis, mas não sabe o que é a teoria. Um líder assim não tem nem terá conteúdo, é um sujeito oco, um recipiente vazio, um dispositivo altamente eficaz para exercer a supremacia tática do vazio.

Sim, porque, se estiver vazio, se não tiver princípios, crenças, lealdades, plataformas inegociáveis, metas estratégicas definidas, horizontes imprescindíveis, se considerar todos os seus aliados dispensáveis, obterá vitórias táticas na política. Será um vencedor porque esse recipiente vazio será preenchido, de tempos em tempos, com o que ele escuta em conversas de bar, com o que fareja em um dia de mercado, com o que percebe indo atrás da turba, chegando um momento depois.

Foi exatamente esse o Mussolini do início. Quando pensamos no ditador fascista, tendemos a evocar aquela imagem dele na década de 1930, quando, da sacada do Palazzo Venezia, ele ostentava uma doutrina bem estruturada do novo homem (que jamais nasceu), um programa articulado para a Itália do futuro (que jamais se concretizou), uma visão consumada do mundo (que levou ao fim do mundo). Por outro lado, o Mussolini do início da década de 1920 era um aventureiro com aptidão para o disfarce, para pensar depois e para trair: antes um republicano fervoroso e depois disposto a coabitar por vinte anos com a monarquia, antes um profeta do amor livre e depois pronto para se casar na igreja por conveniência, antes um renhido anticlericalista e depois signatário dos Pactos de Latrão com o Vaticano, antes um socialista devotado à salvação do proletariado e depois um aliado dos potentados que oprimiam os proletários. No decorrer de poucos anos, Benito Mussolini traiu a todos: aos pacifistas, aos socialistas, aos republicanos, a D'Annunzio, que lhe servira de inspiração, aos liberais giolittianos que o levaram ao Parlamento, aos camaradas *squadristi* da véspera, que lhe abriram o caminho com seus porretes. Acima de tudo, traiu a si mesmo, tornando-se o tipo de homem que odiava em sua juventude.

Entretanto, essa infidelidade sistemática do tirano fascista andava de mãos dadas com uma forma paradoxal de coerência. A cada nova reviravolta abrupta em sua trajetória, a cada nova promessa traída, o animal político

Mussolini se mantinha coerente com a regra de ouro do Mussolini populista. Manteve-se fiel à intuição de que o líder, na era das massas, só podia governá-las seguindo-as e não as precedendo, bastando que não fosse impedido por quaisquer princípios ou ideias próprias, que não fosse inibido por quaisquer critérios ou programas de governo. Manteve-se fiel ao tribuno turbulento, confuso e inescrupuloso de suas origens, sempre pronto a demonstrar desprezo por quaisquer tipos de plataformas políticas. "As plataformas políticas são um lixo", dizia o Mussolini demagogo. "Deixemo-las para os socialistas, com suas intermináveis discussões teóricas. Não sei o que fazer com doutrinas e plataformas políticas; pelo contrário, tenho de me livrar disso, porque preciso ser capaz de me preencher com o humor das pessoas."

POLÍTICA DO MEDO

A supremacia política guiada pelo humor das massas é prenhe de consequências. Quando reduzimos a vida (isso também vale para nossa vida privada, mas sobretudo para a vida política) aos humores — não às ideias, aos argumentos, às convicções, aos princípios e aos sentimentos, mas aos humores — a estamos reduzindo, de fato, quase sempre aos maus humores. Observemos: o bom humor é, felizmente, uma disposição frequente em termos individuais, porém, quando se trata do temperamento coletivo, em especial em tempos de crise econômica e social, o mau humor, sem sombra de dúvida, predomina.

E qual é o caráter dominante de uma vida reduzida aos maus humores? Uma mistura de irascibilidade e melancolia, um estado de ânimo caracterizado por uma vaga tristeza, alimentado pela constância complacente de sentimentos de inquietude e frustração amalgamados com ressentimentos coléricos. Na origem e no cerne de tudo isso encontra-se o medo. A quarta regra do populismo fascista diz respeito exatamente a esse estado emocional de apreensão e repulsa diante da proximidade de um perigo real ou suposto: líderes populistas praticam a política do medo; líderes populistas quase nunca apelam às esperanças do povo, mas sim, quase sempre, aos seus medos.

Eis aí outra intuição perspicaz e bem-sucedida do populista Mussolini. Como já dissemos, Mussolini era um dissidente do Partido Socialista, e o Partido Socialista era o partido da esperança, o partido dos políticos que prometiam aos homens comuns: "finalmente a vida de seus filhos será melhor do que a sua, e a vida de seus netos, melhor do que a de seus filhos". O símbolo mundial do socialismo era o Sol do Futuro, a estrela radiante que brilhava num futuro melhor. O socialismo prometia às massas de humilhados e injustiçados da história um futuro de esperança, salvação e justiça.

Mussolini conhecia muito bem essa promessa, porém, como fora excluído, banido e expulso do socialismo, sabia muito bem que não podia praticar a política de esperança. Como a política da esperança se tornara uma impossibilidade para ele, ávido por encontrar um caminho diferente que o conduzisse ao poder, ele percebeu que havia, e ainda há, apenas uma paixão política mais poderosa que a esperança: o medo.

Em 1919, milhões de mulheres e homens esperavam por um futuro melhor e sentiam que a hora estava próxima, o momento em que esse futuro se tornaria o presente. Porém, muitos daqueles milhões de mulheres e homens, sobretudo os homens, também viveram os últimos quatro anos de sua vida com medo nas trincheiras da Primeira Guerra Mundial, onde o inimigo era visto raramente, apenas quando este baixava para matá-los a golpes de baioneta, onde a morte caía do céu na forma de bombardeios sem que eles sequer percebessem, onde até a própria morte era invisível e impalpável, insuflada nos pulmões na forma de gás venenoso. Durante anos, aqueles homens comeram, fumaram e beberam o medo, e esse medo agora os perseguia como uma sombra na vida civil do mundo pacificado, determinando o estado de espírito subjacente que reinava no cotidiano.

Mas do que aqueles veteranos tinham medo quando voltavam para casa? Da esperança dos outros. A pequena burguesia, que conquistara algo com muito esforço nos primeiros anos do novo século, e a grande burguesia, que tinha muito a perder, tinham medo da esperança dos socialistas, ou seja, da revolução. Tinham medo daquele futuro de libertação das injustiças. Mussolini, agora banido da esperança socialista, aposta tudo no oposto ao socialismo em sua propaganda do pós-guerra, insuflando, alimentando e amplificando o medo: o socialismo é a barbárie, o socialismo é uma praga, o socialismo é uma horda de invasores estrangeiros que ameaça nosso país por dentro.

Qualquer um poderia ter retrucado: "Invasores estrangeiros? Como assim? Os socialistas são italianos, eles cresceram a teu lado, brincaram contigo no quintal, tu mesmo eras socialista até ontem!". E ele então responderia: "Os socialistas não são nem nunca serão italianos, porque mesmo os socialistas nascidos na Itália têm a Revolução Russa como ide, como ideal e, portanto, carregam uma doença infecciosa, uma epidemia letal". Epidemia esta que, não por acaso, a propaganda fascista do início da década de 1920 chamava de "peste asiática". Os inimigos socialistas, os italianos da gema portadores da praga da qual o populismo fascista convidava a ter medo, eram representados como invasores estrangeiros acampados no território da nação.

O fascismo era uma estratégia de medo completo e total, tanto em sua vertente que hoje chamaríamos de populista quanto em sua vertente especificamente fascista. De fato, a violência sistemática e mortal exercida em enorme escala pelos esquadrões fascistas gerava medo e terror. E Mussolini fazia um uso deliberado, calculista e cínico disso, alternando-o com doses de tranquilidade e bajulação. Portanto, o aparato fascista recorreu ao medo gerado pela violência *squadrista* para atingir seus objetivos políticos (uma tática que culminou na chamada Marcha sobre Roma, quando a ameaça de violência — que por si só nunca teria sido suficiente — bastou para Mussolini vencer o jogo habilmente jogado por ele).

Porém, se o "*duce*" conseguiu assumir o poder, foi porque conseguiu capitalizar o medo generalizado causado *pelos* fascistas, além do medo generalizado que as pessoas sentiam *em relação aos* fascistas. Se por um lado o fascismo semeou o medo, por outro, o populismo fascista foi capaz de dissipá-lo, transformando-o.

TRANSFORMAR O MEDO EM ÓDIO

E aqui nos deparamos com um pequeno parágrafo — breve, mas decisivo, quase uma lei em si mesmo. Um adendo à regra que prescreve a substituição da política da esperança pela política do medo: depois de semear o medo, o líder populista deve ser capaz de operar uma espécie de transmutação alquímica do medo em ódio. Primeiro, Mussolini insinua o medo, insufla as angústias do povo, suas paixões mais tristes, seu sentimento de decepção, de derrota, de traição, o ressentimento e o rancor que tantos sentiam, ao voltar do campo de batalha para casa, que aquilo que lhes fora prometido não foi cumprido, não conseguiam achar trabalho, os preços disparavam, era difícil encontrar gasolina, encher o prato de sopa.

O Mussolini populista primeiro insuflava o medo. Depois, ele fazia uma segunda jogada. Dizia: "A ameaça é gravíssima, é iminente, é mortal; o perigo são os socialistas, eles são estrangeiros, querem invadir nosso país; são estrangeiros acampados em nosso território. Deves ter medo deles". Depois acrescenta, com uma voz maligna: "Mas não deves apenas temê-los, deves odiá-los; não basta temer, deves odiar".

Portanto, o evangelho populista convidava a passar de um sentimento passivo, retraído e depressivo como o medo para um sentimento ativo, expansivo e eufórico como o ódio.

Já tentaste odiar alguém? Quando odiamos alguém, nos sentimos vivos — da mesma forma que quando o amamos, talvez até mais. Essa é uma triste verdade, porém, se não reconhecermos esses mecanismos que governam nossas ações e reações, não entenderemos o fascismo nacionalista de então nem os populistas soberanistas de hoje.

SIMPLIFICAR A VIDA MODERNA

E eis aqui o sistema de jogo vencedor, que é a sexta regra do populismo mussoliniano. Intitula-se "simplificação brutal da complexidade da vida moderna". Mussolini foi um dos primeiros a intuir as vastas implicações políticas do sentimento de opressão causado em todos nós pela enorme complexidade da vida moderna, como grandes pensadores do século XIX já haviam compreendido filosoficamente. Tenhamos em mente, por exemplo, a metáfora de Hegel, que, na *Fenomenologia do espírito*, compara a agitação do sujeito moderno a um mosquito preso na teia de aranha da complexidade excessiva da vida: quanto mais ele se move, mais a teia se constringe em volta dele. Mussolini, que não tinha qualquer inclinação para o raciocínio filosófico, transferiu essa intuição para o nível da prática política. Ele compreendeu que o fascismo não dispunha apenas da violência que aniquila o oponente fisicamente, mas também poderia se valer da brutalização da vida política capaz de aniquilar o pensamento, e podia fazê-lo com enorme sucesso, pois tudo isso seria um enorme alívio para as massas.

Assim, a propaganda do populismo fascista bate insistentemente nesta tecla: a realidade não é tão complexa quanto os velhos liberais que pregam a ideia da representação parlamentar proporcional a apresentam; a realidade não é tão complicada quanto os socialistas, com suas teorias obscuras, a doutrina marxista, a estrutura, a superestrutura etc., dizem que é; a realidade é muito mais simples. Não.

Tudo pode ser atribuído a um único problema.

Esse único problema pode ser reduzido a um inimigo.

Esse inimigo é identificado com um estrangeiro, um invasor estrangeiro.

Um invasor estrangeiro pode ser assassinado.

Problema solucionado.

De acordo com essa visão, o estrangeiro invasor pode ser espancado até a morte ou, então, deixado para se afogar em nosso litoral, quando não simplesmente lançado de volta ao mar. De fato, não há como esconder que, ao chegar a esse ponto, cem anos atrás, o populismo fascista identificava o "inimigo simplificador" no socialista, da mesma forma que hoje o populismo soberanista o identifica no imigrante.

A vida política como um todo, se interpretada a partir dessa perspectiva, resume-se a ter um inimigo para temer e odiar. E aqui entra uma inversão de perspectiva, o movimento final no sistema de jogo vencedor. A vozinha sedutora e maligna do populismo sussurra: não olha por cima do ombro, não vislumbra com terror o céu acima de ti nem a floresta a teu lado. A morte não vem de todos os lados, invisível, desconhecida, intangível como nas trincheiras. Deves olhar somente à tua frente. É ali que se encontra teu único problema, teu inimigo, o estrangeiro invasor: mas aqui, a teu lado, estou eu, o fascista com o porrete na mão. Toda a realidade é reduzida a isso.

Que suspiro de alívio! A vida é tão simples: basta odiar o socialista; o fascista com o porrete está aqui ao meu lado, pronto a espancá-lo. Para que serve o Parlamento com sua complexidade laboriosa?

Com essa fórmula, ao mesmo tempo poderosa e reconfortante, Mussolini seduziu a Itália, cem anos atrás, enquanto seus *squadristi* a violentavam. E toda a sua violência, diante do medo enorme, foi reduzida. De fato, aos olhos dos adultos outra vez tornados crianças, dos cidadãos rebaixados a súditos, assumiu o aspecto tristemente necessário de uma medida tomada por um bom pai de família.

Nesse duplo gesto, tanto hoje como naquele momento, bate o coração sombrio de toda tentação autoritária.

COMUNICAR AO CORPO COM O CORPO

Tendo chegado ao fim, voltamos ao início.

Juntos, esses princípios delineiam o perfil da preferência do autoritarismo à democracia;

preferência que Mussolini declara abertamente, enquanto os populistas de hoje a negam (ou dissimulam, como preferirem), sem se furtar a corroer as instituições democráticas.

As diferenças entre os populistas soberanistas de hoje e os nacionalistas fascistas de Mussolini são muitas e cruciais, começando pelo uso da violência física, praticada sistematicamente pelos últimos, mas não pelos primeiros. Ao contrário dos fascistas do início do século xx, os populistas de hoje, embora cultivem a tendência de desacreditar e, às vezes, modificar as instituições democráticas numa direção antiliberal (vide os da Hungria e da Polônia), não eliminam seus oponentes políticos com violência física. Neste sentido, eles se mantêm no perímetro das regras democráticas e conseguem controlar o Parlamento vencendo as eleições (porém, de vez em quando, atacando-o, como aconteceu nos Estados Unidos e no Brasil). Essa não é, de forma alguma, uma diferença pequena, que isso fique bem claro. Porém, o fato é que os populistas de ontem e de hoje estão unidos como representantes de uma ameaça à qualidade e à plenitude da vida democrática liberal, ameaça sintetizada na centralidade autoritária do "chefe", do líder no qual o povo se encarnaria, um líder que não precede, mas segue, que pratica a política do medo que depois transforma em ódio, que implementa uma simplificação brutal da complexidade da realidade. E que fala com o corpo eleitoral usando seu próprio corpo.

Essa é a derradeira invenção visionária de Mussolini. Já na década de 1920, o *duce* foi o primeiro a pôr o corpo no centro da cena, política. São famosas as imagens do líder fascista de peito nu debulhando o trigo ao lado dos camponeses ("Camarada motorista, que comece a debulha!"), nadando e sendo observado pela multidão, gesticulando de uma forma que nos parece grotesca hoje em dia. A propósito, isso gera um dos principais mal-entendidos a respeito do ditador terrível que muitas vezes é desprezado como uma personagem ridícula. Absolutamente: mesmo na gesticulação, Mussolini exerce seu gênio político maligno; entende que, na era das massas, a comunicação política não é feita de cabeça para cabeça, sendo sim uma interação praticamente física que vai do corpo do líder ao corpo eleitoral. "Ao ventre do eleitor", como se costuma dizer.

No entanto, o *duce* do fascismo — alguém poderia contrapor — exibia um corpo masculino, poderoso e admirável, pelo menos de acordo com os cânones do machismo fascista da época! Hoje, algo semelhante pode ser observado em formas autocráticas e atávicas de poder alheias à tradição ocidental, como é o caso de Putin.

É preciso ter cuidado quanto a isso. Não nos deixemos enganar pelas diferenças entre o presente e o passado, por mais que estas possam ser significativas: para que a comunicação corporal seja eficaz, o corpo do líder não precisa ser bonito, poderoso, nem mesmo viril. Não nos deixemos enganar. Vejamos o caso de Donald Trump, aquele homenzarrão desenxabido, desagradável e desajeitado. No entanto, não são esses atributos dele que importam. O que importa é que o silêncio do corpo, sua fisicidade sólida, sua emocionalidade irracional, entre no centro da comunicação política. O que está em jogo aqui não é o valor estético da beleza do corpo ou seu prestígio: é o fato de pôr a comunicação física, corporal, quase visceral, acima de qualquer tipo de comunicação intelectual centrada no raciocínio, na reflexão e na análise. É um tipo de comunicação pré-reflexiva, emotiva, prepotente. E é bem-sucedida porque faz um apelo básico à animalidade humana. Triunfa exatamente porque não exibe nenhuma suposta superioridade, triunfa porque nem todos nós temos um doutorado em ciências políticas, mas todos nós temos um corpo. Aqui, nessa massa de matéria cega e vibrante, coincidindo com o corpo do líder, maior ou menor, mais jovem ou menos jovem, homem ou mulher, aqui termina e culmina a antissublimação do percurso iniciado com a afirmação "Eu sou o povo e o povo sou eu": o povo está incorporado em minha fisicidade, nesse homem aqui, nessas tripas aqui, nessa mulher, em meu 1,70 m, ou em meu 1,90 m, ou em meu 1,50 m.

Isso não tem nada de estúpido. É um processo que reativa na história necessidades primárias, humores e sentimentos, experiências de vida ancestrais e até mesmo pré-históricas. Se desprezarmos esse atavismo com uma careta de condescendência, nós é que estaremos sendo estúpidos. Também não há nada de engraçado ou divertido nisso. Se rirmos disso, não estaremos rindo por muito tempo.

O fascismo não foi uma comédia, foi uma tragédia. De fato, quando a vida coletiva de um país é tangida para um caminho em que tudo está encarnado no corpo do líder, o que ocorre é que esse corpo não pode ser tocado, não pode ser alcançado, não pode ser analisado. Sobretudo, não pode ser discutido. Só pode ser adorado, como milhões de italianos fizeram com Mussolini, ou então odiado, detestado e massacrado. Assim como os italianos fizeram com seu *duce* no final de sua parábola.

III

DEMOCRACIA

Permitam-me concluir com outra lembrança pessoal.

Quando o Muro de Berlim caiu, eu tinha vinte anos. Lembro-me de uma noite de sábado numa festa na casa de amigos. Eu estava na cozinha com um companheiro de bebida enchendo jarras de *spritz*, o aperitivo típico de Veneza, cidade onde cresci e vivi. Enquanto eu, despreocupado, misturava vinho branco e *bitter*, meu amigo acenou para um ponto nos fundos da cozinha e disse: "Olha aquele babaca com uma picareta!".

Então eu me virei. Na tela de um pequeno aparelho de televisão esquecido num canto cego da sala, um desconhecido golpeava com picareta uma parede descascada num frenesi de fúria. Ficamos olhando aquela cena bizarra por alguns segundos; depois, levando as jarras com nossa bebida favorita, voltamos alegremente ao nosso divertimento. Com aqueles golpes de picareta, a democracia venceu seus inimigos, mas nós, garotos da década de 1980, não tínhamos olhos para contemplá-la. Um acontecimento importante da segunda metade do século XX nos pegou fazendo *spritz*, sem conseguir prender nossa atenção além de alguns momentos. A grande História, com sua carga de tragédia e epopeia, mal nos tocou, reduzindo-se, para nós, jovens privilegiados de uma Europa Ocidental pacificada, saturada e vã, a um breve momento de riso. Poucos instantes depois, já era hora de voltarmos à nossa festa.

Na abertura deste discurso, afirmei pertencer à última geração educada nos mitos e valores do antifascismo do século XX. E é verdade. Mas também é verdade que tal formação cultural não impediu que meus coetâneos e eu chegássemos à vida adulta num clima de descompromisso hedonista, de indiferença individualista em relação ao destino coletivo e de repulsa generalizada pela política. Depois das tempestades da militância ideológica feroz dos anos de 1970, o repuxo das ondas nos anos de 1980 nos levou a flutuar frouxamente num mar calmo, agradável e aparentemente infindo. Um mar de férias eternas.

Não era apenas uma questão de irresponsabilidade juvenil. Naquele *fin de siècle* morno, o Ocidente inteiro vivia a ilusão de que havia entrado numa era de ouro: a Guerra Fria fora vencida pelo capitalismo liberal, os lucros cresceram exponencialmente e a globalização triunfou no mundo inteiro sob os auspícios de divindades benignas.

Foi uma virada de época alegre e falaz. Entre os muitos enganos que ofuscaram nossa vida despreocupada de última geração jovem do século, há um que hoje, vinte anos depois, parece especialmente reprovável: a ilusão da democracia eterna.

Nós, jovens do fim do século xx, nascidos na Europa Ocidental, filhos da terceira geração posterior ao fim da Segunda Guerra Mundial, pertencíamos à — reduzidíssima — parcela mais rica, saudável, segura, longeva e protegida da humanidade que já existiu sobre a face da Terra. Esse privilégio de nascença nos confundiu a ponto de nos fazer crer que a democracia era quase uma condição natural, um benefício adquirido de uma vez por todas, uma espécie de pecúlio que podíamos desfrutar de forma irresponsável.

Apesar de conhecermos a história, que nos era transmitida pelas últimas testemunhas vivas, preferimos esquecer a terrível batalha que as gerações anteriores precisaram travar para nos confiar a dádiva rara, tardia e sempre precária da democracia. No anseio de marcarmos a passagem do tempo com aperitivos, estávamos nos esquecendo de uma verdade simples, mas exata, incontestável e fundamental sobre a própria natureza da democracia: ela não é fruto do acaso nem tampouco da necessidade; não é um regalo do céu, é uma conquista; a história da democracia é, sem dúvida alguma, a história da luta pela democracia.

Poucos anos depois, o novo século e milênio, que começou na manhã de 11 de setembro de 2001, se encarregaria de nos lembrar disso de forma atroz. Novos inimigos começaram a acossar as fronteiras da democracia, fronteiras traçadas pelo sangue. O terrorismo fundamentalista das teocracias islâmicas, a ascensão ao topo do poder econômico mundial de nações alheias aos sistemas democráticos e, finalmente, a guerra de agressão desencadeada na Europa, contra a Europa, pela Rússia de Putin.

Assim, depois da esbórnia hedonista da virada do século, revelava-se uma era de profunda crise na democracia liberal. Uma crise agravada pela presença de numerosos inimigos internos novos e velhos. A cada colapso novo e periódico de um sistema econômico governado pelo perverso capitalismo financeiro, a cada nova manifestação de impotência em relação aos inimigos externos, a cada nova e avassaladora onda de migração, ecoavam palavras de desconfiança e descrédito em relação ao sistema democrático. Palavras assobiadas por nossos compatriotas, por políticos que deveriam ser os guardiões da democracia, mas também pelo cidadão comum: "Democracia. É o regime no qual o povo tem a ilusão intermitente de ser soberano". E também: "O Parlamento é o circo agônico da democracia [...] As promessas dos programas eleitorais estão entre as manifestações mais vergonhosas da fraude política. Um candidato entregaria a própria alma ao diabo para ser eleito. Suas tentativas para atrair a opinião pública e os eleitores não têm limites";

e ainda: "No fundo, a democracia só pode falar. Vive das palavras e pela palavra. Porém, em tempos de crise, as pessoas não pedem para ser convencidas, querem mesmo é ser comandadas. Portanto, a era das discussões inúteis deve ceder lugar à era da obediência".

Quantas vezes ouvimos nos últimos anos essa vozinha cínica, mas consoladora, sussurrar essas mesmas palavras na consciência de nossos dias de maior tristeza, desilusão e renúncia? E quantas vezes esse murmúrio noturno, na Itália e em outros países, se tornou voz ostensiva, cantando em alto e bom som, retórica oficial de líderes e movimentos políticos que, embora se movam dentro do jogo democrático, almejavam (e almejam) o poder demonstrando desprezo pela democracia?

Conhecemos essas palavras muito bem. Já são quase a trilha sonora de nosso presente desmoralizado, já estamos quase viciados nelas. No entanto, todas essas são palavras de Benito Mussolini, proferidas nas décadas de 1920 e 1930 do século passado, o século da luta mortal entre a democracia e seus inimigos. Palavras que, indubitável e infelizmente, não deixaram de falar conosco. De nos tentar. De nos seduzir.

Então, ao chegar a esse ponto, vocês me perguntarão: o que podemos fazer?

Minha resposta é ao mesmo tempo extremamente simples de dar e extremamente difícil de pôr em prática: precisamos retomar a luta. Uma vez livres da infeliz ilusão da suposta eternidade da democracia, temos de nos reapropriar de sua história, voltarmos a ser sujeitos ativos dessa história que coincide, durante toda a sua trajetória, com a luta pela democracia. Uma luta cotidiana, infindável, incansável.

Em outras palavras, devemos nos tornar os herdeiros do antifascismo de nossos pais e de nossos avós. Uma herança como essa não despenca sobre nós: é preciso conquistá-la, merecê-la, é preciso torná-la nossa.

No entanto, também acredito que, para nos tornarmos herdeiros do antifascismo do século xx, é preciso renová-lo. Hoje, um antifascismo cívico finalmente é possível, um antifascismo já não mais ideológico, um antifascismo que não exige de ninguém cerrar fileiras sob bandeiras de cores determinadas, exige apenas que todos tomem partido sob a bandeira da democracia. A democracia de tradição europeia, liberal e plena. Não existe outra. Hoje, passadas as sangrentas diatribes político-ideológicas do século xx, finalmente é possível um antifascismo que pertence a todos: a todos os democratas sinceros, independentemente de sua orientação política pessoal. Um antifascismo possível e também necessário.

Uma árvore de tronco bem alto. Assim nos habituamos a pensar a democracia. Nós a imaginamos como um carvalho, um pinheiro, um álamo. Por isso, também éramos levados a pensar que ela só podia ser derrubada pela força do machado ou pela queda de um raio.

Em vez disso, a democracia se parece mais com a videira e, como a videira, precisa ser cuidada com constância e sabedoria, com amor e devoção. A videira precisa ser enxertada, podada, regada, protegida de pragas e amarrada a suportes por mãos delicadas e fortes. Esse é um trabalho cotidiano: o trabalho de toda uma vida. Só assim essa planta frágil e maravilhosa produzirá o vinho doce e inebriante da democracia.

Este livro, composto na fonte Silva text,
foi impresso em papel Ivory Slim 65g/m², na gráfica Coan.
Tubarão, Brasil, fevereiro de 2025.